BANQUE ET RÉFORME

HYPOTHÉCAIRES

OU

Moyen de prêter à deux et demi pour cent

PAR

Ch. ROHART, EX-NÉGOCIANT ARMATEUR,

Maire de Vauxaillon.

Paris

GARNIER FRÈRES, LIBRAIRES,

Palais-National, n. 215 bis.

1849.

PRÉFACE.

La lecture du message du président de la République (1), et notamment des deux passages que je vais citer, m'a déterminé à écrire les réflexions que j'ai faites par suite de l'examen approfondi de quelques questions d'économie politique.

« .... *Partout où j'apercevrai une idée féconde en résultats* « *pratiques, je la ferai étudier, et, si elle est applicable, je vous* « *proposerai de l'appliquer.....* »

« .... *J'appelle sous le drapeau de la République, et sur le* « *terrain de la Constitution tous les hommes dévoués au salut* « *du pays ; je compte sur leur concours et sur leurs lumières pour* « *m'éclairer.....* »

Il résulte de là que tous les citoyens sont appelés à faire connaître les systèmes qu'ils croient praticables, à cette condition nécessaire d'indiquer les moyens d'exécution ; que c'est plutôt un devoir civique que le président impose qu'une autorisation qu'il donne.

Avant d'entrer en matière, je crois devoir citer un autre pas-

(1) 6 Juin 1849.

sage de ce document politique qui, par son contenu, énonce entièrement le sujet que je me propose de traiter.

« .... *Loi sur la réforme du régime hypothécaire ; il faut* « *qu'une institution nouvelle vienne féconder l'agriculture en lui* « *apportant d'utiles ressources, en facilitant ses emprunts......* »

De l'infinité de questions politiques qui s'agitent en ce moment, celle-ci se trouve sans contredit parmi les plus importantes, attendu que sa solution procurerait des avantages incalculables, non-seulement à l'agriculture, mais encore au commerce ; en d'autres termes à toutes les industries nationales.

Pour résoudre cette question, j'indiquerai :

D'abord les conditions, les garanties et les avantages d'une *Banque hypothécaire ;*

Ensuite les moyens d'exiger l'inscription des hypothèques légales en respectant les droits de tous.

BANQUE ET RÉFORME

HYPOTHÉCAIRES

OU

MOYEN DE PRÊTER A DEUX ET DEMI POUR CENT

BANQUE HYPOTHÉCAIRE

Les prêts hypothécaires s'effectuent aujourd'hui à un taux en quelque sorte usuraire. Il suffit, pour s'en convaincre, de considérer qu'indépendamment de l'intérêt déjà énorme de cinq pour cent, l'emprunteur doit encore payer les frais de contrat de prêt et de main-levée, ceux de l'enregistrement qu'ils nécessitent, le coût d'une grosse, puis les frais d'inscription et de radiation. Ces prêts se font à courte échéance, très souvent pour deux, trois ou quatre ans au plus; en sorte que l'argent revient au cultivateur à six ou sept pour cent, et plus cher encore au petit propriétaire : celui qui emprunte peu ayant plus de frais à payer, proportion gardée, que celui qui emprunte beaucoup.

Pour remédier à cet état de choses, il serait facile d'établir une banque hypothécaire qui serait l'objet d'une entreprise privilégiée, indépendante de l'État, sauf sa surveillance, même après l'approbation de ses statuts, c'est-à-dire qu'elle existerait aux conditions imposées à la banque de France. Elle pourrait être indépendante de celle-ci, ou, mieux encore, lui être annexée. Je ne raisonne ici que dans cette dernière hypothèse. S'il y avait lieu de revenir à la première, je me réserve de faire connaître mes idées sur sa réalisation.

La Banque de France ne saurait perdre de son crédit mérité en devenant Banque hypothécaire, dans la supposition nécessaire qu'elle agit avec toute la sagesse, toute la prudence qui convient aux établissements financiers, surtout lorsqu'ils sont d'une importance aussi colossale; car cette Banque, telle que je la conçois, prêterait moyennant première hypothèque et seulement jusqu'à concurrence des deux tiers de la valeur du sol, déduction faite, d'ailleurs, des objets d'art, d'agrément, de construction et des frais nécessaires pour parvenir à l'expropriation (1). Cette garantie foncière est incontestablement plus sûre que toutes celles dont se contente aujourd'hui la Banque de France. Qu'on en établisse un instant la comparaison, et l'on verra en tout point sa supériorité :

1ᵘ Elle prête sur lettres de change revêtues de trois signatures qui, ensemble, ne présentent pas toujours assez de solvabilité. C'est surtout lorsqu'on cesse d'accepter les renouvellements qu'on s'en aperçoit, mais il est trop tard; il faut porter ces créances au chapitre de celles en souffrance, et quelquefois même à celui des non-valeurs;

2º Elle prête aussi sur dépôt de titres de rentes sur l'État ou d'actions. Bien qu'elle n'avance pas toute la valeur, elle peut encore essuyer des pertes; par exemple, lorsque, par suite de commotion politique, de révolution, ces titres éprouvent, du jour au lendemain, une baisse considérable;

3º Enfin elle est exposée, en cas de pillage ou d'incendie, à subir des pertes pour les avances qu'elle aurait faites sur lingots d'or ou d'argent ou autres valeurs.

C'est pousser les choses à l'extrême, peut-être au delà des limites raisonnables, que de citer de pareilles chances de pertes, mais enfin elles existent par rapport aux prêts que fait actuellement la Banque de France, et elles n'existeraient pas pour les prêts hypothécaires. En effet, le sol ne peut ni faillir, ni être brûlé ou pillé. Il est possible que, comme les rentes sur l'État et les actions, il diminue de valeur, mais jamais dans une aussi grande proportion. Il ne faut, pour s'en convaincre, que se rap-

---

(1) Ces conditions seraient bien dures à la vérité, mais indispensables quant à présent; car lorsqu'il s'agit d'innovations en matières financières, on ne saurait jamais les entourer de trop de garanties; on est quelquefois même obligé de respecter les préjugés; la confiance ne se commande pas, elle s'inspire. Il n'en demeure pas moins constant que plus tard il serait possible de prêter aussi à la propriété bâtie avec toute sécurité, en modifiant toutefois le système actuel d'assurance contre l'incendie.

peler ce qui s'est passé après la révolution de février. Le cinq pour cent était au-dessus de cent seize francs, il est descendu à cinquante francs; les actions de banque ont éprouvé une baisse de plus des deux tiers; celles des chemins de fer et autres n'ont pas eu un sort plus heureux, tandis que la propriété bâtie n'a diminué que de moitié, et les terres n'ont eu qu'une dépréciation d'un tiers au plus. Or, comme il n'est proposé qu'un prêt des deux tiers sur les propriétés foncières, il y aurait encore eu garantie suffisante. Et même le prêt ne se faisant, comme il est dit plus haut, qu'en première hypothèque, il n'y aurait pas eu perte en supposant une baisse plus considérable dans la valeur des biens ruraux. En effet, il n'aurait été besoin, en ce cas, que de différer la vente. Celle-ci n'aurait pu être provoquée par d'autres créanciers, puisqu'aucun n'aurait primé la Banque. Quant à ceux qui auraient été inscrits après elle, s'il y en avait eu, ils n'auraient pu la provoquer qu'au risque de la voir s'effectuer à vil prix, mais c'eût été compromettre ou plutôt annihiler leur gage. S'il n'est rien moins que probable que les biens ruraux puissent baisser de plus d'un tiers, il y a certitude, d'un autre côté, qu'une semblable baisse, si elle existait, ne durerait pas longtemps : la propriété foncière tendant toujours à augmenter plutôt qu'à diminuer de valeur. Cet état de dépréciation de la propriété se prolongerait-il dix ans, vingt ans et même davantage, qu'il ne pourrait être préjudiciable à la Banque, parce que ses débiteurs, encore plus intéressés qu'elle à ne pas laisser sacrifier leur propriété, seraient toujours disposés à faire l'abandon du revenu des biens hypothéqués, dont une partie servirait à l'acquit des intérêts, et dont l'autre pourrait être employée à l'amortissement du capital; car il faut observer que le chiffre du revenu des biens de l'emprunteur serait à peu près double de celui des intérêts qu'il aurait à servir. Par exemple, si l'on voulait emprunter sur un domaine qui, déduction faite des constructions et objets d'art et d'agrément, serait d'une valeur de trois cent trente mille francs, il faudrait déduire les frais qu'occasionnerait l'expropriation, si elle devait avoir lieu, soit environ trente mille francs; il resterait trois cent mille francs. Ne prêtant que les deux tiers, la Banque n'avancerait que 200,000 fr. et si, comme nous le proposerons, on fixait le taux de l'intérêt à deux et demi pour cent, le débiteur n'aurait à payer annuellement que 5,000 fr., tandis que le domaine dont il s'agit aurait un revenu de 10,000 fr., en supposant que, comme la plupart des propriétés foncières, il rapportât trois pour cent.

Pour quelques personnes les détails qui précèdent, et ceux qui seront ultérieurement donnés, pourront paraître fort longs et minutieux; toutefois elles verront qu'ils ont leur importance, si elles considèrent que pour la réalisation d'un projet comme celui-ci, il ne faut pas seulement persuader quelques hommes, mais convaincre la multitude et lui inspirer une entière confiance. Il n'était donc pas hors de propos de démontrer, même aux plus incrédules, que la Banque de France peut prêter à la propriété foncière en courant moins de chances de perte, qu'elle n'en court par ses prêts en matière commerciale; en un mot, que les prêts hypothécaires qu'elle pourrait faire ne sauraient diminuer en rien son crédit. Ceci admis, il resterait à indiquer les précautions dont la Banque devrait s'entourer pour sa propre sécurité sous le rapport de l'évaluation des immeubles, ce qui serait aussi un moyen d'augmenter la confiance publique. A ce point de vue quelques unes vont être exposées.

Il y aurait un agent aux prêts hypothécaires dans chaque arrondissement; au besoin même il y en aurait dans les cantons, lorsque les opérations de la Banque le nécessiteraient. Ces agents fourniraient un cautionnement assez élevé; ils seraient rétribués proportionnellement aux prêts qui s'effectueraient par leur entremise. Ces remises pourraient être annuellement de un quart pour cent des sommes prêtées jusqu'à l'époque de leur remboursement, ce qui établirait un fort beau traitement et permettrait de faire subir à ces employés une retenue de deux pour cent sur l'importance de la créance qui aurait été l'objet d'une perte, quelque minime qu'elle fût. Supposons qu'un agent ait fait prêter par son entremise 4,000,000 fr., il toucherait, tant que ces prêts existeraient, une remise annuelle de 10,000 fr. Et si de ces créances une ou plusieurs d'un capital total de 400,000 fr. par exemple, occasionnait une perte quelconque, la Banque mettrait à la charge de cet agent une retenue de 8,000 fr., et réduirait ainsi ses remises de dix à deux mille francs. Au moyen de ces retenues, les agents seraient forcés, dans leur propre intérêt, de ne pas estimer les biens des emprunteurs au-dessus de leur valeur. Indépendamment de ces agents, il y aurait un agent général par département, son cautionnement serait plus élevé que ceux des agents d'arrondissement ; il aurait pour mission d'examiner si les propositions d'emprunt faites par les premiers sont acceptables. Ses remises et ses retenues seraient de moitié de celles des autres agents : elles s'étendraient sur tous les prêts qui seraient faits dans le département. Ayant aussi à supporter des retenues dans le cas où des emprunteurs de son département occasionneraient des pertes, il serait naturellemeut porté à n'agir qu'avec les garanties désirables, et à s'assurer de la moralité et de la capacité des agents placés sous sa surveillance.

Les actes d'emprunt se feraient, sans choix, par un notaire du canton où seraient situés la majeure partie des biens engagés. Toutefois, il serait défendu aux agents sous peine d'une forte retenue, de passer aucun acte chez un notaire qui aurait occasionné une perte quelconque à la Banque, soit en laissant exagérer l'évaluation des biens, soit par toute autre cause; de cette manière les notaires, qui connaissent la valeur des biens situés dans leur canton, ou qui du moins sont à même de la connaître, seraient fortement intéressés à informer l'Administration supérieure de la Banque dans le cas où leur ministère serait réclamé par les agents pour la conclusion de prêts qui ne présenteraient pas de garanties suffisantes. Oui, ils y seraient fortement intéressés, parce que les actes qui ont pour objet les emprunts hypothécaires, entrent pour beaucoup dans le produit des études des notaires, qu'ils s'en priveraient s'ils ne veillaient aux intérêts de la Banque, et, par ce fait, diminueraient la valeur de leur étude.

Indépendamment des notaires, des agents d'arrondissements, de ceux des départements qui, comme on vient de le voir, ne pourraient occasionner de pertes à la Banque sans en être euxmêmes victimes, il serait nommé, par le gouvernement, des inspecteurs chargés de contrôler toutes les opérations hypothécaires faites pour le compte de la Banque : ils seraient rétribués par elle. Ce contrôle aurait pour but, d'abord de veiller aux intérêts de la Banque, et ensuite d'exercer la surveillance au nom de l'État. Cette surveillance s'effectuerait aussi au moyen de la publication d'un compte mensuel qui contiendrait un détail exact de toutes les opérations. Les inspecteurs, ainsi que les autres agents de la Banque, exerceraient une vérification prompte et facile de la valeur des propriétés, moyennant l'examen des titres en vertu desquels la propriété a été transmise à l'emprunteur, des baux anciens et nouveaux, et aussi moyennant certains tableaux qui feraient connaître pour quelle quotité on peut admettre le revenu net de la matrice cadastrale de chaque commune, eu égard à la sous-répartition des contributions directes qui a été faite dans la dernière période décennale aux cantons, arrondissements et départements. Quoique ce revenu net soit généralement de beaucoup inférieur au revenu réel, il peut servir de base à sa fixation, à la condition toutefois de l'établir dans une même proportion pour toutes les communes, par la compensation qui vient d'être indiquée. Autrement il serait de toute impossibilité de se renseigner au moyen des matrices cadastrales, le revenu net étant d'une commune à l'autre dans une disproportion énorme. Ainsi dans les trois communes qui vont être indiquées, et dont les territoires se touchent, on paie en principal de contributions foncières pour l'année 1849, savoir :

A Vauxaillon (Aisne). 0 fr. 0869 \
A Laffaux, id. 0 1265 } par franc de revenu net. \
A Lœuilly, id. 0 1603 /

On voit par là que le revenu net de la commune de Vauxaillon est à celui de la commune de Lœuilly comme 869 est à 1603, c'est-à-dire, que le revenu net de la première de ces communes est à peu près deux fois plus élevé que celui de la seconde, prenant en considération la valeur réelle du sol.

Entourée de toutes ces précautions, il serait presque impossible que la Banque éprouvât des pertes; ou, si elle en avait à supporter, ces pertes ne pourraient être que très-minimes. Il y aurait donc un grand avantage pour elle à prêter de la manière que nous venons d'indiquer, même au taux de deux et demi pour cent; car elle serait autorisée à augmenter l'émission actuelle de ses billets de Banque de l'importance des prêts hypothécaires qu'elle ferait. Cette émission nouvelle ne diminuerait en rien la confiance que le public accorde à ses billets, car elle ne pourrait, en aucun cas, dépasser le chiffre des prêts hypothécaires qu'elle ferait. Donc, si la Banque prêtait quatre cents millions, elle n'émettrait que pareille somme de billets; ceux-ci se trouveraient garantis par six cents millions de propriétés foncières, puisque, selon l'hypothèse, elle n'avancerait jamais que les deux tiers de la valeur.

Ce taux de l'intérêt à deux et demi pour cent est assez élevé pour procurer à la Banque des bénéfices énormes, déduction faite des frais que ce nouveau genre d'opérations lui nécessiterait. En effet, je suppose qu'on limite ses prêts hypothécaires à quatre cents millions, chiffre très-minime en comparaison des hypothèques existantes, mais qui pourrait être provisoirement fixé, cette somme, à l'intérêt de deux et demi pour cent, produirait dix millions dont il faut déduire pour remises aux agents, frais en général et pertes supposées, quatre millions. Il reste le bénéfice énorme de six millions.

Les deux tiers des bénéfices, soit dans la présente hypothèse quatre millions, seraient affectés au capital de la Banque jusqu'à ce qu'il soit arrivé à un chiffre égal au dixième de ses prêts, c'est-à-dire jusqu'à ce que le capital actuel de la Banque de France soit augmenté de quarante millions, en supposant toujours que les prêts roulent sur quatre cents millions. Les deux autres millions seraient donnés en dividende aux actionnaires.

Après avoir exposé le système des prêts hypothécaires, examinons les objections qui pourraient nous être faites.

On critiquera certainement le chiffre des prêts fixé provisoirement à quatre cents millions : les uns trouveront qu'il est trop élevé, que cela doublerait les opérations de la Banque de France ; les autres au contraire diront que c'est trop peu de chose eu égard à la quantité des hypothèques existantes, qu'un très petit nombre des débiteurs actuels pourraient seuls profiter de cet abaissement d'intérêt.

D'abord, il y a peu de choses à répondre aux premiers après tout ce qui a été dit touchant la sécurité parfaite qu'aurait la Banque dans ce nouveau genre d'affaires. Cependant comme on ne saurait trop tranquilliser les peureux, les ennemis quand même de toute innovation financière, nous leur dirons que la Banque de France ne prêtant que quatre cents millions de francs, pourra choisir dans la masse de ceux qui doivent hypothécairement, les emprunteurs qui offrent le plus de garantie. En effet, on conçoit facilement que tous ceux qui servent aujourd'hui des intérêts à raison de cinq pour cent s'empresseront de venir demander à la Banque des fonds à deux et demi afin de rembourser leurs créanciers. Si ce n'est pas là une sécurité parfaite, il ne faut plus en chercher.

Nous dirons ensuite que ceux qui prétendent que cette baisse d'intérêt sur quatre cents millions ne profiterait qu'à un petit nombre sont dans l'erreur. Il suffit, pour s'en convaincre, de considérer que cette somme serait employée par les emprunteurs à rembourser une infinité de capitalistes, de financiers et de rentiers auxquels ils doivent. Que feraient alors ceux-ci de leurs capitaux, de ces quatre cents millions? Ils chercheraient à les placer. Il faut convenir que s'il y avait entre les mains d'un aussi grand nombre de personnes des sommes aussi importantes sans emploi, chacun s'empresserait de s'en procurer un placement. Cette concurrence efficace devrait nécessairement amener une baisse du taux de l'intérêt, et l'on s'estimerait heureux de pouvoir prêter avec garantie à trois ou quatre pour cent. Ceci paraît d'autant plus certain que, s'il est vrai de dire que quatre cents millions sont peu de choses en comparaison de la masse des prêts hypothécaires, il faut aussi convenir que cette somme est considérable envisagée sous le rapport de son versement dans la circulation (1). Au surplus, il ne faut pas oublier que la limite dont il s'agit est provisoire, et pourra par conséquent être reculée dans la suite. C'est dans cette vue que nous avons proposé d'augmenter le capital de la Banque des deux tiers du profit que lui doivent procurer ces opérations.

On pourrait aussi objecter que les hypothèques légales gêneraient considérablement la Banque proposée dans ses opérations, par les précautions nombreuses et minutieuses qu'elles exigeraient. Faisons observer d'abord que ces difficultés ne seraient pas nouvelles, et qu'il ne serait pas plus difficile à la Banque de les surmonter qu'aux particuliers qui prêtent actuellement sur hypothèque. Ensuite nous allons démontrer qu'il serait facile de remédier à cet état de choses en respectant les droits de tous.

RÉFORME HYPOTHÉCAIRE.

Examinons séparément chaque privilége des hypothèques légales.

(1) Cette circulation en plus de quatre cents millions donnerait aux transactions mobilières et immobilières cet essor qui leur manque ; elle encouragerait les spéculations en tous genres, abaisserait le taux de l'escompte et relèverait le crédit en général.

D'abord les *droits des femmes mariées sur les biens de leur mari.*

Ce privilége est inaliénable par la femme mariée sous le régime dotal, tandis qu'il n'est réellement que facultatif pour celle qui est mariée sous le régime de la communauté, puisqu'elle peut y renoncer. Ainsi, on ne diminuerait en rien le droit de cette dernière en exigeant qu'elle prenne une inscription sur les biens de son mari, si elle entend conserver son privilége d'hypothèque légale, inscription qu'elle devrait renouveler conformément à l'article 2154 du Code civil. La difficulté est un peu plus grande relativement à la femme mariée sous le régime dotal, car ses parents, qui l'ont ainsi établie, ont entendu qu'elle ne puisse renoncer à son privilége, et c'est ce qui arriverait si elle ne renouvelait pas l'inscription prise lors de son mariage avant l'expiration de la première ou de la seconde période décennale. Je ne parle pas de la troisième, car si le mariage n'est pas dissous après trente années d'existence, la femme peut alors sans inconvénient, ce me semble, être dégagée de cette espèce de tutelle où l'avait placée le régime dotal : elle est à même de savoir alors si son mari fait bien ou mal ses affaires. En douterait-elle encore qu'il n'y aurait pas grand mal, puisqu'elle pourrait renouveler son inscription. Il suffirait donc de dire que l'inscription prise par la femme ou ses parents contre son mari, lors de son établissement sous le régime dotal, ne serait périmée qu'au bout de trente ans. Toutefois, pour plus de régularité et surtout pour faciliter les recherches, on imposerait aux conservateurs des hypothèques, sous leur responsabilité, de renouveler d'office ces sortes d'inscriptions avant l'expiration de la première et de la seconde période décennale. Une autre mesure qu'il serait convenable de prendre, ce serait d'imposer au notaire qui rédigerait un contrat de mariage quelconque, l'obligation d'interpeller la future et ses parents qui l'assistent, pour savoir s'ils entendent prendre actuellement hypothèque sur la totalité ou sur une partie des biens du futur, leur faisant observer que cette mesure, négligée d'abord, pourrait être prise ultérieurement ; mais qu'en ce cas les hypothèques que le mari pourrait avoir consenties primeraient celle de sa femme. Le contrat de mariage devrait faire mention de cette interpellation et de la réponse, sous peine d'une amende qui serait supportée par le notaire, et qui pourrait être double des honoraires dus pour le contrat. Une amende semblable lui serait aussi imposée s'il n'avait pas pris d'inscription lorsque la future ou ses parents auraient déclaré être de cet avis, sans préjudice aux droits des parties intéressées.

Vient après le *droit d'hypothèque légale des mineurs ou interdits sur les biens de leur tuteur*.

Le juge de paix pourrait faire au conseil de famille réuni la même interpellation que le notaire ferait lors de la passation des contrats de mariage. Cette mesure paraît présenter suffisamment de garanties ; en effet, qui mieux que les parents réunis en conseil de famille et le juge de paix qui les préside, peut savoir s'il convient ou non de prendre immédiatement une inscription sur la totalité ou sur une partie des biens du tuteur ? Je dis immédiatement, car le subrogé-tuteur aurait toujours le droit de prendre une inscription qui aurait rang d'après sa date. Un seul des proches parents du mineur ou de l'interdit pourrait, quand il le jugerait convenable, provoquer un conseil de famille à cet effet.

De plus, il conviendrait de faire remettre au juge de paix la copie du bulletin que les maires adressent chaque trimestre au receveur d'enregistrement du canton. Ce bulletin indiquant, comme on le sait, les noms des personnes décédées, ceux des héritiers, etc., suffirait pour faire connaître au juge de paix la négligence que quelques parents apportent à faire convoquer le conseil de famille, surtout lorsqu'il y a un tuteur légal et qu'il s'agit de la nomination d'un subrogé-tuteur. Cette négligence une fois connue de ce magistrat, il serait à même d'y obvier en réunissant d'office les parents du mineur.

Il y a enfin les *droits à l'hypothèque légale de l'État, des communes et des établissements publics, sur les biens des receveurs et administrateurs comptables*.

Ce privilége présente encore moins de difficultés que les deux précédents, car les receveurs et administrateurs comptables fournissent habituellement un cautionnement. Ce cautionnement est suffisant ou ne l'est pas. S'il ne suffit pas, qu'on l'augmente ; s'il suffit, pourquoi vouloir conserver un droit à l'hypothèque légale ? Après tout, qu'on conserve ce droit si l'on veut à l'État, aux communes et aux établissements publics, pourvu toutefois qu'ils prennent une inscription qui aurait rang conformément à sa date (1).

Parmi les nombreux avantages qui résulteraient de ces modifications, avantages trop appréciés pour qu'il soit besoin de les énumérer, il convient d'en signaler un qui se rattache à notre sujet : c'est qu'au moyen d'un certificat négatif, ou d'un état des inscriptions délivré par le conservateur des hypothèques, la Banque connaîtrait de suite la position de l'emprunteur, attendu qu'il n'y aurait plus d'autres priviléges que ceux inscrits.

Nous nous contenterons de dire, en terminant, que les diverses améliorations proposées nous ont été suggérées par l'expérience et par l'étude approfondie de leur objet; que si nous avons cru devoir les écrire, c'était parce que nous pouvions indiquer en même temps les moyens de les pratiquer.

(1) Je ne dis rien du privilège du vendeur attendu qu'il nécessite la transcription et par suite l'inscription d'office.

1853   Imp. Maulde et Renou, rue Bailleul, 9 et 11.